PARA BENTO ... R QUAN

HÁ ESP... 70 DI...

BENTO, VOC... ...EU 2017

OSSO AMOR DE VENTILADO

ANAL LACRIMAL.

BRE ESTA HISTÓRIA... É!

A MÃE SENTE-SE EM FALTA M

ELIZIANO! O CARIOCA

HOJE VAI COMEÇAR O N

VIROSE DO DIA. SOBRE VER

ER GRANDE. O SILÊNCIO, ...

ESTE OLHO DIREITO.

ESTAMOS EM TRÂNSITO.

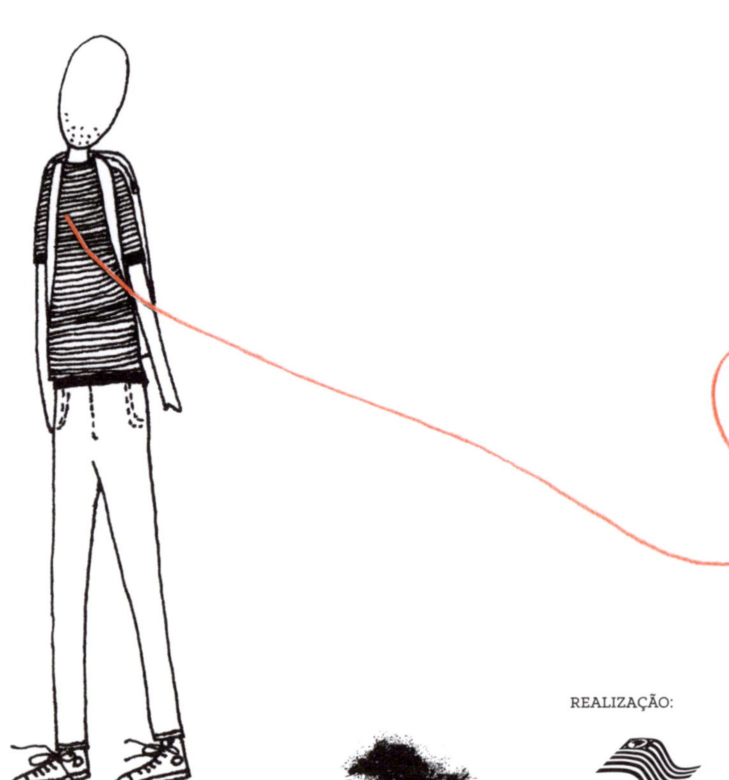

REALIZAÇÃO:

ProacSP
Incentivo à Cultura do Estado de São Paulo

GOVERNO DO ESTADO
SÃO PAULO
Secretaria da Cultura

para ler quando crescer

luiza pannunzio

Concepção do projeto:
Paula Autran
Coordenação editorial:
Pólen Livros
Edição:
Lizandra Magon de Almeida
Revisão:
equipe Pólen Livros (Karin Krogh e Virginia Vicari)
Projeto gráfico e diagramação:
doroteia design/Adriana Campos

Projeto realizado com o apoio do Governo do Estado de São Paulo, Secretaria de Estado da Cultura e Proac 2015.

Dados Internacionais de Catalogação na Publicação (CIP)
Angélica Ilacqua CRB-8/7057

Pannunzio, Luiza
Para ler quando crescer / Luiza Pannunzio. -- São Paulo : Pólen, 2016.
96 p. : il., color. ([Palavra de Mãe])

ISBN 978-85-983-4934-3

1. Poesia brasileira I. Título

16-1085 CDD B869.1

Índices para catálogo sistemático:
1. Poesia brasileira

www.polenlivros.com.br
tel. 11 3675.6077

Para Clarice
e Bento
com humildade,
igualdade
e afeto
sua mãe.

Com a palavra, as mães

NESSES QUATRO VOLUMES repletos de lirismo e emoção, e pitadas do mais puro humor infantil, sete mulheres muito particulares compartilham suas impressões em palavras e imagens sobre a experiência transformadora e única que é ser mãe. Todas elas têm em comum o fato de refletirem poeticamente sobre a relação da mulher contemporânea com a maternidade e todo o universo abarcado por essa ligação.

Assim, os livros não se restringem apenas à conexão entre mãe e filhos e filhas, mas abrangem também todo o universo no qual essas mulheres se inserem em função desses laços.

São retratos de uma geração de mães que refletem dialeticamente sobre como associar os mais diversos aspectos da vida feminina com seus projetos profissionais e artísticos, enquanto buscam criar seus filhos de forma próxima e consciente. Textos leves, pequenos flagrantes do cotidiano, registros breves da fala tão peculiar das

crianças, se misturam a poemas de fôlego, resultado da perplexidade imposta pelos desafios da maternagem.

A variedade de origens e experiências dessas mães – há quem tenha tido o filho sozinha, quem teve um filho com grave problema congênito, quem engravidou jovem demais, quem desafiou a família para fazer valer seus valores em relação à maternidade – garante um coral de vozes harmônico e original, envolvido em um projeto gráfico instigante e forte que, como não poderia deixar de ser, também foi criado por uma mãe com os mesmos questionamentos e alegrias.

Convidamos a todos a embarcar conosco nesse mundo interno rico e sensível, navegando pelo *chiaroscuro* próprio dessa que talvez seja a viagem mais desafiadora da vida de um ser humano.

Lizandra Magon de Almeida, editora (e filha)

JOGUEI UMAS PALAVRAS AO V

NA ESPERANÇA QUE VOCÊ FOR
FRASES INCRÍVEIS QUE FAÇAM T

dedicar

depender

amigos

úteis

fim

adulta

para bento

SENTIDO

PRA NÓS.

10

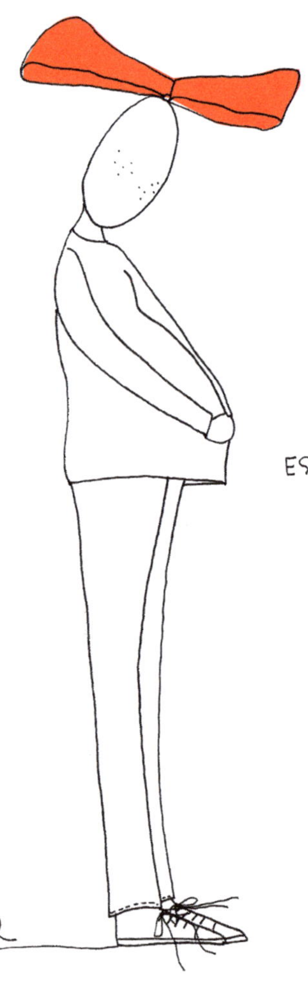

ESTÁ PARA NASCER
O CARA
QUE VAI
ME ABALAR
EMOCIONALMEN
amor incondicional

Há espera.
Meu **filho é Bento** e
vem até o fim das férias.
E mesmo vindo no
tempo certo,
me fará esperar.
Não há angústia maior
para uma mãe.
Ou haverá?
Não para mim.

Você nasceu em **20 de julho**

AGORA EU CONTO COM VOCÊS NAS TENTATI
DE ABRAÇAR O MUNDO.

No meio de "A grande família",
mamãe entrou em trabalho de parto.
Pra variar, não tinha nada arrumado.
Nem mala, nem nada.
Você saiu de mim com uma fenda nos lábios.
Outra no palato.
E não pôde vir aos meus braços.
Oito dias de UTI.
Uma semana em que te tive e não pude te ter.

Você foi tirado de mim.
Levado direto para a incubadora.
Chorei na mesa de cirurgia porque queria dormir contigo.
De cadeira de rodas, no outro dia
fui até a porta da UTI.
Te vi lá de longe, na sua casinha de plástico.
Fiquei ali do seu lado por 4 horas seguidas.
De pé.

14

Recebemos visitas.
O cirurgião veio.
Te viraram do avesso.
No dia seguinte você teve os lábios refeitos.
Seu pai e eu ficamos apavorados.
Andávamos de um lado para o outro.
Sem dizer uma palavra sequer.
Três horas e meia, e mais algumas
na UTI outra vez. Lá estava você, inchado.
Costurado.
Corado.
Com uma sonda da boca ao estômago.
Com dificuldades para respirar.

Chorei.

Fiquei ali todas as horas de pé ao lado teu.
Você dormia, anestesiado.
— Doutor, quando ele vai acordar?
— Depende, Luiza, o sonho dele deve estar bom...
Eu aprendi a rezar com e por você.

15

Os médicos disseram que seu pulmãozinho,
quando foi desintubado,
ficou apertado. Coisa comum (para eles).
Que algumas sessões de
fisioterapia fariam tudo voltar ao normal.
— Quando?
Você ficou dois dias respirando com ajuda de oxigênio.
Eu não ousei retirar você da incubadora.
Passei as horas te olhando.
Te achando lindo.
Te achando vivo.
Te amando.

Recebi alta do hospital.
Voltei pra casa com o peito cheio de leite,
a barriga cheia de pontos e sem você.
Chorei no chuveiro, pra sua irmã não ver.

Foram dias e dias de UTI.
Você se alimentava com um conta-gotas.
Apenas 20ml.
Então, chorava demais de fome.
Eu chorava com você.

Ali, mantiveram você amarrado,
com as mãos para baixo para não
colocá-las na boca.
Foram os oito dias mais difíceis da minha vida.
Onde a alegria de te ver e o medo de não dar conta
se mesclaram o tempo inteiro.
Sua irmã em casa,
a quem eu nem conseguia dar atenção.

Mas os dias foram passando.
Você foi melhorando.
Mudaram você de sala.
Tiraram a sonda.
Foram diminuindo o oxigênio.

Um dia me disseram que eu poderia levar suas roupas.
Você estava pronto para descer para a UTI semi-intensiva.

Lá seu pai tinha mais acesso a você.
Então nos dividimos
Quando eu não estava com você nos meus braços
(porque estava tirando o leite),
lá estava ele te carregando.
A última condição para a sua saída do hospital
era o ganho de peso.
E, ao meu ver, o amor engorda.

Engordamos você com 20 gramas.
Te levamos para casa no sábado.
E desde então as gramas e o amor só aumentam.

E eu não desgrudo de você...

ser mãe é

carregar uma nuvem pesada e cheia de amor. Que às vezes chora...

Apre sen tação

Todos os dias em que esteve no hospital
eu
conscientemente
tomava um banho pela manhã,
vestia a melhor roupa que me cabia,
penteava meus cabelos,
e os prendia
porque queria que você me achasse linda
e gostasse de mim...

A consulta

Sua cicatriz está mais grossa e rígida do que deveria e o
médico disse que, provavelmente, teremos que
refazê-la na próxima cirurgia.
Eu fiquei meio triste,
porque aos meus olhos
você está lindo assim!

Então, foi como se eu não o enxergasse direito.

O médico repetia "dá para melhorar esta cicatriz",
enquanto eu dizia que te acho perfeito.
Enfim, eu que sempre achei bonito o diferente,
de repente me pego tentando deixar você, filho,
bem igualzinho aos outros, por
uma maior aceitação social.

Há uma contradição no meu coração que acredita
que você tem uma história que eu não quero
e nem deveria apagar ...
Fora o charme!

20

Nosso amor de ventilador

Ele ventila.
Espalha nosso amor dentro do quarto.
Faz voar o tempo.
Você cresce e o acompanha em movimento.

Te faz perceber o dia.
Me faz agradecer quando a noite chega.
E os seus olhos ficam fixos,
apaixonados.

No ventilador.
Que hora gira,
hora fica parado,
num silêncio longo como é o nosso,
diário.
Cumplicidade que dispensa
palavras.

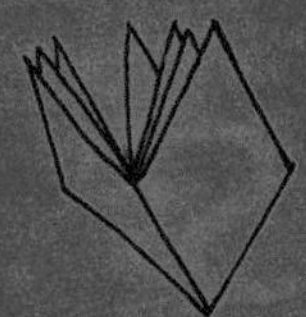

O ar imóvel.
Você, então, espera que eu aperte
um botão
e
provoque o movimento.

A pá gira no sentido horário e te faz sorrir.
À toa.
E assim os dias passam
dentro daquele quarto.

Ventilado de amor...
Dá até pra sentir a brisa.
Sentiu?!

90 *dias*

Você veio pra me tirar do lugar comum.
Gritou que não existe acaso nessa nossa história
que é de amor.
Nos faz desplanejar,
Remanejar,
Reorientar.

Fez-me criar
desenvoltura,
jogo de cintura,
paciência.

Você veio para sorrir com seu pai logo cedo
porque sua irmã e eu somos incapazes de esboçar
qualquer alegria ao acordar.
Veio para eu ter mais cuidado,
menos tempo,
mais diálogo,
menos medo.

Deu um novo sentido
para a palavra correção.
Nos fez encontrar
novos amigos,

a confiar,
a ter fé.

Faz três meses que chegou
Para bagunçar e aumentar meu coração.
Para me fazer amar tanto.
Um amor tão grande...
Que faz ser pequena
qualquer dificuldades que
ainda passaremos juntos.

Ainda ontem, na cama com seu pai, comentamos:
faz tão pouco tempo que você veio.
Mas a impressão que eu tenho é que você, meu filho,
esteve sempre por aqui a nos observar.
Porque és o melhor a lidar com todos nós.
Ainda que tão pequeno...
nos fez gigantes.

Canal lacrimal

te olho e vejo seu olho direito cheio
de uma lágrima que não sai dali.
nem cai, nem seca, evapora.
me incomoda o que parece te incomodar.
sempre que te olho
seu olho parece estar prestes a chorar.
e eu te olho todo tempo.

há tempos me questiono
se você está triste ou chateado,
é o que diz seu olho direito,
ao menos.
o médico disse que você não sabe chorar.
que talvez tenha que operar.

chorei.

PARA

R QUANDO CRESCER

Papai agora trabalha no Rio.
Nós ficamos em São Paulo.
Sua irmã acabou de se adaptar à escolinha e
você tem cirurgia marcada para
agosto ou setembro.
Optamos por ficar.
Quer dizer, vocês não optaram por nada,
mamãe e papai que chegaram à conclusão
de que melhor seria se tudo
continuasse como estava. Ou quase tudo.
É uma nova fase!
Passamos para uma outra etapa.
E como num videogame,
fica cada vez mais difícil...

Em falta, mesmo presente

Mamãe está te devendo.
Um passeio que não seja ao médico.
Um rosto colado que não tenha
a intenção de checar sua temperatura.
Uma mão no peito sem sentir
secretamente seu respirar.

Mamãe está te devendo.
Uma soneca tranquila ao teu lado
numa tarde desse outono.
Um olhar longo, perdido e
cansado. Vazio de todo o resto.
Um grande entusiasmo
e que não venha só depois do prato raspado.

Mamãe está te devendo.
Dois pares de pés descalços.
Um reconhecimento .
Uma calmaria.

A boa notícia é que mamãe vai te pagar.

Há 10 meses

À medida que passam os dias
aumenta minha ansiedade por sarar você
Sarar de todo e qualquer mal
Do catarro que te acompanha
desde o primeiro dia
Da dificuldade que é se alimentar
quando te falta um pedaço
do céu da boca

À medida que você cresce
eu tento desviar dos teus, os olhares tortos dos outros
Aumentar sua autoestima
Amar-te sem medida
E nos fortalecer

À medida que o tempo passa
o meu medo vai e vem
Os médicos se desmentem
A medicina avança
E eu tento sarar você

Feliz

Dia 20 foi seu aniversário.
Um aninho.
Temos tentado te isolar ao máximo
para que a cirurgia ocorra e bem
(apesar da tosse que não te abandona).

Você não teve uma festa cheia de balões
e pessoas como sua irmã.
Não teve um monte de presentes,
mas encontrou o mar.

Muitas preces, sem pressa,
no nosso caminhar.

Eu te comprei um bolo de chocolate.
Seu pai chegou com uma vela.
Cantamos parabéns.

1 ano!

Você bateu palmas.
Sua irmã também.
Ela até comeu o bolo,
só porque era seu (ela nunca come doces).

Então, filho, eu quero te agradecer por estes
365 dias que passamos juntos.
Também me desculpar por não termos
feito uma festa incrível pra você.
E dizer que, assim que esta cirurgia passar
e você se recuperar, nós vamos festejar.
Muito! Do lado de todas as pessoas
que te amam.
Eu prometo.
Sua vida será uma festa!

Moleque...

Eu não te contei
sobre sua segunda cirurgia.
Demorei porque precisava desse tempo.

Na noite que antecedeu a operação, você tossiu
feito um louco.
Até pensamos, seu pai e eu,
que o médico cancelaria,
mas não
ele te examinou e seu pulmão estava tranquilo.
Para nossa alegria e desespero.

O médico disse que te aguardaria
no centro cirúrgico,
perguntou-me se você iria com aquelas roupas.
Eu disse que sim. "Por que? Ele está feio?"
Enfim, seu médico sorriu.
Ele sorri pouco, sabe?!

Nos meus pesadelos mais frequentes,
eu te levava ao centro cirúrgico
e você me agarrava como faz habitualmente,
com toda sua força, pela camisa,
até estourar um dos botões.
Eu soltava suas mãos de mim e chorava
vendo você ser levado pela enfermeira
desesperado
Só que não.
Ainda bem.

Você, meu bebê, é tão corajoso!
Praticamente saltou do meu colo
para o da enfermeira, que usava uma touca
colorida, cheia de bichinhos.
Você tentou arrancá-la. Eu chorei. De orgulho.

Começou, então, nossa espera.
Sua madrinha chegou para nos fazer
companhia.
Seu bisavô veio, de bengalas – pra nos observar
de perto.
Logo, seus avós paternos também.

Foram seis longas horas,
acalmadas pelos telefonemas
da equipe médica
para nos tranquilizar.
Dava certo. A gente respirava...

— Mãe do Bento Caruso!
Eu corri pra te carregar.
Você, todo remendado, mais uma vez.
Seu corpo estava quente e seu médico, contente.
Enfim, mostrava os dentes.

Eu fiquei ali, carregando você por uma hora.
Te esperando abrir os olhos. Chorar. Soltar o ar.
Você ainda me deu um susto
Ficou roxo-beringela (a
cor predileta da sua irmã).

Seria mesmo possível você mamar,
diante tantos pontos que eu via,
dentro e fora da sua boca?
Ele me garantiu mais uma vez
que você iria agarrar o bico da mamadeira
e mandar ver!
Dito e feito.

Limpamos teu sangue, refizemos os curativos e
assim estamos desde então, continuamente.
Cuidando de você,
que agora tem um tubinho de plástico
dentro da narina direita.
E eu, tão jeitosa, sou a responsável
por mantê-lo desobstruído.
Passo a sonda de 3 em 3 horas,
limpo seus pontos e te coloco um bigode de silicone.

Agora, todos nos perguntam por que você anda com
este curativo
e eu respondo,
"Ora, meninos usam bigode!"

33

Sabe, filho, ando simplificando a vida.
As respostas. E meu coração anda tão simples...
O que não quer dizer vazio.
Ele está completo por nós.

Depois dessa sua cirurgia,
ou além dessa cirurgia,
nos mudamos de vez para o Rio de Janeiro.
Estamos começando uma vida nova,
ou melhor, recomeçando, repaginados, em
um novo cenário e você com boca e nariz novos.
Será uma temporada de paz, amor, sol,
mar e água fresca.

34

O carioca

Estamos morando no Rio faz 30 dias.
Desses, 15 dias você teve febre,
depois otite,
e depois mais sete dias de febre outra vez.
Tudo é virose.
Faz 30 dias que você não come direito,
mais magro do que nunca.
Quando caminha, sua fralda
desce até o calcanhar.

Aliás, caminhando você está!
Pelo Leblon e Ipanema. De meias.
De mãos dadas com um de nós.
Temos ido a vários médicos, especialistas.
Você tem, portanto, passeado bastante.

Ontem, dentro de casa, você caminhou pela primeira vez sozinho.
Da sala para o quarto da sua irmã,
que te acompanhava como sempre
com o olhar e
bateu palmas.
— Você andou, Bentinho! Palabéns!

E é este sentimento que todos nós temos por você filho:
Orgulho.

Além do amor, claro...

Hoje vai começar o nosso ano

E nós estamos nos preparando pra sair um pouco de cena.
Vivemos até então como se estivéssemos de férias
(mesmo com tanto trabalho).
É verão.
Temos testemunhas.
Do quanto levamos a sério o nosso conviver.
Com o mar.

Por mais fácil que possa parecer.
Eu respiro vocês, com dificuldade.
Como debaixo d'água.
Enquanto seu pai segue-os com o olhar.
E filma.
Cuidadosamente.
Cada dor e delícia.

E assim, mantemos um mesmo ritmo.
tum tum tum
Dá certo!

Agora nos disseram que o menino parecia
ter uma espécie de sopro.
Um susto?
Não, um vento! – eu disse.
Descompasso no coração.
Duvidei.
Parece samba.
Deve ter sido a maresia que fez isso com ele.

Então, antes do ano acabar,
ainda fomos ao cardiologista.
tum tum tum
Depois fomos à praia e fizemos
este filme aqui,
que dispensa minhas palavras.
Pois demonstra o quanto e como somos nós.
Leves.
Feito a areia fina.
Que às vezes entra nos nossos olhos.

Uma breve despedida do Rio.
Quase um agradecimento por todos
os nossos dias de calor.
Agora, teremos que passar um
tempo em São Paulo.

Temos tanto a fazer.
Temo tanto.
Tamanho o nosso amor. Emaranhado.
Tenho medo, sinto muito.
A verdade é esta. Pode assistir.

Partimos com a certeza da volta.
Afinal, já compramos as passagens.
Pra fevereiro, de cara nova.
Traremos fantasias na bagagem.
E um céu – da boca – inteiro para o menino.

Um pouco mais fortes do que quando fomos.
E já será Carnaval...
tum tum tum

Sobre ver e *enxergar*

Você.
Meus olhos estão sempre sob.
Quando não, cobro de Clarice.
"Está vendo seu irmão? Cuida dele.
Ele é menor que você."
Então, me dei conta de que por ser eu
a mais nova lá de casa jamais tive essa obrigação.
O que me fez uma criança
observadora de tudo, mas não de pessoas.
Na infância eu pude andar olhando para o céu porque
tinha sempre uma mão no meu ombro me guiando.
Não olhava por onde pisava. Simplesmente corria.
Daí se explicam as inúmeras picadas de abelhas
de todos os verões – sempre descalça, pisava nelas.
Não me preocupava com o caminho nem com a
fundura das piscinas. Mergulhava. Eu ia.
Mas a verdade é que tinha sempre alguém
olhando por mim. Eram os meus irmãos.
Minha segurança.
Confesso que depois que você nasceu, filho,
eu comecei a ver e enxergar.
Meus olhos deixaram de passear.
Às vezes reclamam cansaço.
São atentos por demais aos detalhes.

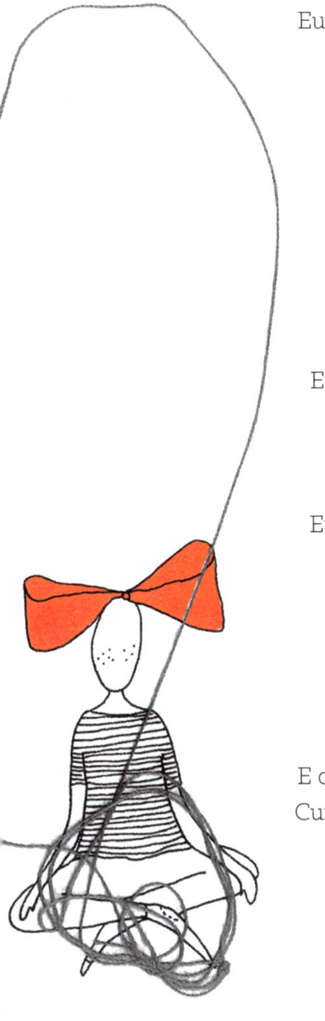

Desde uma linha que escapa da costura
da minha camisa até uma lágrima caída
na moça sentada lá no fundo do ônibus.
Eu vejo uma criança bonita, um desenho seu.
Teu pai me dirigindo. Vocês dormindo.
Meus olhos sempre vão checar
em que pé está o edredom.
O termômetro de mercúrio.
A amiga que fez quarenta. Eu vejo.
Com clareza, meus pais.
E, com ternura, teu bisavô.
As pessoas nas ruas.
Minha sogra no computador.
Eu vejo meu sogro de manhã cedo passando
a manteiga no pão e os farelos que caem
por entre seus dedos. Eu recolho.
Junto os farelos amarelos sobre a mesa.
Eu junto também pessoas que nem conheço.
É um hábito.
Mas depois que você veio,
eu sinto as pessoas quando antes apenas
passava por elas.
Eu sinto que se não fosse você,
ainda estaria me desviando.
E cada vez que digo "Clarice olha o seu irmão!
Cuida dele..." eu me pergunto como fui perder
o meu de vista.
Mas é que foi só agora
que eu aprendi a ver e enxergar.

O Silêncio. O Respeito. O Próximo.

Há mais ou menos um mês te percebo irritado.
Um tanto mais fechado.
Brincando só, num lugar cheio de outras crianças.
Querendo ter meus olhos bem em cima de ti.
Chorando, pedindo colo. Assustei.
Te vi gritando contra os que se aproximavam.
Bravo. Cansado.
Por não conseguir se expressar.
— Eu eio e um eie.
— O que quer, Bento?
— Eio um eie.
— Capacete? pergunta Clarice.
— Não. Um eie!!!
— Sorvete? — tento.
— Não! Não!
E você chora.
Calamos
numa quietude em que sentimos nosso respirar.
Mas não desanima... Te ensinei umas mímicas.
Demos boas risadas. Virou meme entre nós.
A mímica do "eu quero ver um peixe"
que era o que você queria dizer outro dia.
Logo percebi... É hora de aprimorarmos nosso linguajar.
Comunicar para além dos sentidos. Verbalizar.
Desde então, temos uma fono no WhatsApp

que topou nos acompanhar, assim, online mesmo.
Da maneira que for ou como se dá.
Moramos no Rio, ela trabalha no Paraná.
Mas sempre que estivermos em SP,
a doutora também estará.
É ela quem vai nos ajudar
a superar mais esta fase.
Tão automática para a maioria.
E de tamanha dedicação sua e minha.
Só depende de nós, filho!
Não é incrível?
Depende da gente superar o obstáculo da fala.
Soltar o verbo. Desembaralhar a língua. Treinar.
Falar bem devagar. Exagerar.
Vem cá, vamos compreender.
O melhor disso tudo é que,
para aprender a falar, antes é preciso saber ouvir.
E ouvir foi uma das coisas que você me ensinou com o tempo.
O respeito. O silêncio. O próximo.
Plantei essas palavras dentro do teu peito.
Espero, sem pressa – ver desabrochar.
Não precisa mais chorar.
Mas se faz lágrimas, rega.

Meu amor, rega.

42

Estamos em trânsito.

Aqui ou lá. Vamos todos juntos. Deixa, eu carrego.
No colo, enquanto meus braços aguentam.
Faz três anos que você me ocupa.
Que se diz exausto (como nós),
que levanta os braços enquanto
Clarice se contenta em caminhar segurando um pedaço de saia.
Minha companheira.
Entre ônibus, aviões e pães de queijo.
Táxis, atenção e bicicletas.
Corremos pra lá e pra cá.
Numa velocidade média de 50km por hora.
Mudamos de camas, escolas, e fazemos
novos amigos sem fazer drama.
Porém, me sinto sempre só.
Num piscar de olhos.
Não vale chorar.
Crescemos com o vento,
que faz secar as lágrimas e arrasta a tristeza pra outro lugar.
Teu pai, a administrar também nosso bem-estar.
Estamos ok até aqui?
Silêncio.
Há emoção, paira no ar.
No som do carro que emprestamos,

da casa que ocupamos.
Da garoa que cai sobre o para-brisa
e que embaça a vista.
Das lembranças que eu realmente gostaria de te deixar.
Seriam estas? Buzinas...
Meu coração acelera com o carro parado no meio
da faixa de pedestre.
Temendo uma multa, um assalto.
Enquanto "o sapo não lava o pé" reina nos auto falantes e vocês
cantam como se estivessem num show de calouros.
Há tempo pra pensar.
O que é que estamos fazendo aqui?
Em trânsito. Mudamos o tempo inteiro.
De estado, humor. E o que verdadeiramente importa?
Além de todo o mundo, da nossa gente, vocês e por fim – nós.
Todos de passagem. A todo instante.
Adiante e avante.
Buscando a fé, coragem, fazendo e pagando dívidas,
acertando a vida, o passo.
Eu peço perdão. Pra te continuar neste movimento
nosso de cada dia.
Não por acaso, você veio pra mim.
"Quando eu nasci, doeu muito, mamãe.
Mas depois eu voltei para minha família."
Foi o que ouvi de ti esta manhã.
E te botei no colo, te ninei dizendo baixinho:
— Tudo vai ficar bem.
Frase que tirei da boca da minha mãe, tua avó.
Solta há alguns dias.

Porque colo, filho, não tem idade.

para clarice

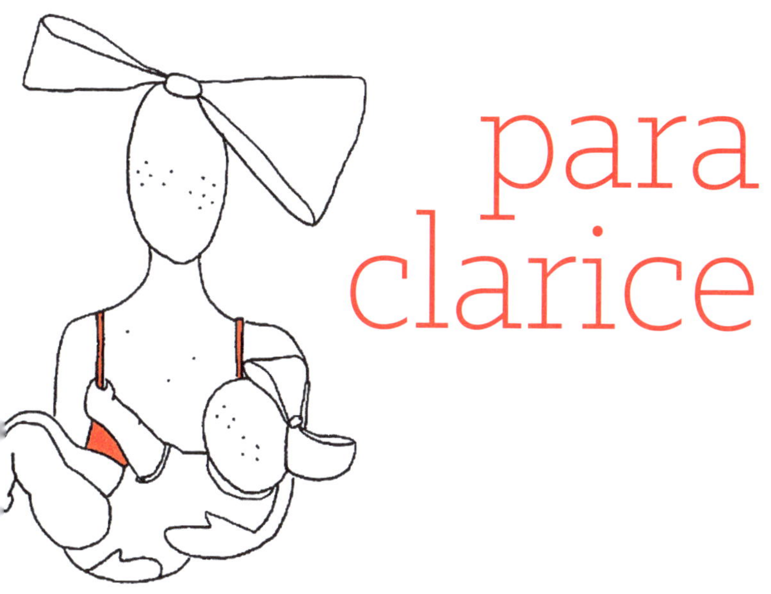

SINTO INFORMAR MAS
NÓS ESTAMOS FICANDO
CARECAS.

Sono teu

Mordeu meu coração e engoliu
um pedaço de mim.
Com seus quatro dentes afiados.
Mirou o lado esquerdo
do meu peito.
Mordeu meu coração.
Engoliu um pedaço de mim.

Depois sorriu.
Deu uma gargalhadinha
do seu tamanho.
Fanha. Com o nariz escorrendo.
Passou as mãos nos olhos
ardidos de sono.

Deitou a cabeça no mesmo peito.
Aos pedaços.
Se esparramou.
Quase dormiu.
Levantou outra vez.
E outras nove vezes.
Não deu o braço a torcer.
Até tombar com a cabeça
em cima da minha coxa.
Com sua barriga virada
para o colchão.
E os braços dobrados
de qualquer jeito.

Desajeitada, ai de mim
se te ajeito!
Não me mexo.
Mal respiro.
Nem me meto.
Só espero. Acalmar.
Dura tão pouco...

se eu dormir bem no
cantinho

O que os olhos veem, o coração sente

Você andou.
Meio bamba.
Como um equilibrista.
Meio ao samba.
Sete passos.
No descompasso.
Caiu.
Sorriu.
Bateu palmas pra si mesma.
Pausa.
Aplausos.

Levantou.
Com uma autonomia
de dar medo.
Para conquistar seu
mundo – a sala.
Bastava mais cinco ou seis
passinhos.
Pois bem.
Respirou.
Mandou um beijo pra câmera.
Take 1

Seu pai filmava.
Vovô dirigia.
Toda cena.
Que se repetia, repetia.
Naturalmente.
Você ia e vinha.

Enquanto eu corria
de volta pra casa.
Te vi pelo celular.
Estava longe.
Mas meus olhos
estavam contigo.
Grudados. Aflitos.
E meu coração...

Chorei, de alegria!

Clarice fez 1 ano

No último domingo.
E recebeu seus amigos no quintal dessa casa.
Exibida que é, dançou na sala.
Mostrou seus passos inseguros
Comeu meia salsicha.
Esmagou um pedaço de bolo.
Ao som de um bolero.
Devorou brigadeiros.
Estourou bexigas.
E abriu todos os presentes.

Bateu palmas para os outros.
Assoprou a velinha.
Tomou uma mamadeira inteira
no colo da sua avó.
Brincou na piscina de bolas com Lilla, Rosa,
João, Francisca, Carolina, Felipe,
Antonio, Rafaela,
Tereza e Anita.
Sorriu para suas tias.
Jantou lá pelas dezoito, e às vinte e trinta,
sem choro nem banho,
dormiu pesado em meus braços.
Nunca foi tão fácil.
Clarice estava exausta.
De alegria.

AS PESSOAS TÊM A IMPORTÂNCIA QUE DAMOS A ELAS.

Clarice foi ver o mar

Sentiu-se em casa.
Logo na chegada.
Arrancou os sapatos na areia e correu
na direção dele.
Imenso e bravo.

Só já bem perto, quando a água gelada
molhava seus pés, parou.
Ancorando em minhas pernas.
Observou a força das ondas, recuou.
E ficou um tempo ali, só.
Num silencio tão raro.
Você e eu.
Olhando.
De canto.
Encanto.
O horizonte.

Clarice foi ver o mar.
Pela primeira vez.
E como numa história de amor
à primeira vista,
o mar que ela não conhecia parecia seu.
Deu romance.

Conselho de mãe

Menina, não perca tempo.
Não sofra de amor antes dos 16.
Pratique esportes.
Preste atenção nas suas aulas de inglês.
E faça amigos.
Escolha uma profissão que ame, mas que
também te dê dinheiro
porque a vida é mais difícil sem ele.
Não use salto. Dê saltos! De alegria!

Ao que me parece, a vida mal começou e já é
generosa contigo.
Agradeça. Não fale de boca cheia.
Não reclame de barriga cheia.
Mastigue – sem pressa.
Pense antes de falar.
Leia muito antes de escrever.
Respeite os mais velhos, os mais novos e
também os de mesma idade.
Seja gentil e sorria... Mostre seus dentes.
Daqui a pouco, muitos outros além desses
seus quatro da frente
estarão a te fazer companhia. Diariamente.
E para que esta convivência seja boa e indolor,
escove-os ao menos três vezes ao dia e use
o fio dental.
Se preciso for, nós garantimos o aparelho.
Então, você pode gargalhar a vontade.
Brinque, sem se preocupar.

Divirta-se!
Aprenda a dividir seus brinquedos, suas conquistas e seus problemas.
Tudo ficará mais leve.
Faça sua turma, assim, desde cedo, trabalhando em equipe,
será mais fácil sua adaptação à vida adulta.
Perdoe seus pais por toda projeção e expectativa.
Lembre-se: é tudo amor em excesso.
Durma. Sonhe. Cante. E, se conseguir, monte uma banda.
Seu pai ficará orgulhoso!
Aprenda a cozinhar.
Aprenda a comer.
Aprenda a rezar.
Aprenda um pouco de tudo.
Estude. Seja curiosa!
Entre no mar pelo menos uma vez ao ano.
Pise na grama sempre que tiver oportunidade.
Faça planos. Viagens. Compartilhe comigo.
Compartilhe com todos. Monte sua rede de contatos.
Seja verdadeira. Conte-me suas aflições e desejos.
Quem sabe eu possa te ajudar?!
Escreva. Desenhe. Construa. Costure. Abrace.
Plante coisas. Semeie. Cuide. Colha.
Tenha filhos depois dos trinta.
Flores dentro de casa.
Um cachorro pra chamar de seu.
Uma companhia.
Case-se ou não.
Faça tudo, não necessariamente nessa ordem.
Desorganize.
E se eu fosse você, levava o guarda chuva.
Não deixava de passar o protetor solar
e também não saia sem o casaco.

Clarice tem:

Febre.
4 dentes nascidos.
1 balança de madeira que ganhou de Moisés e Priscila.
2 vestidos lindos.
E 1 único par de sandálias azuis.

NÃO HÁ NADA QUE UM VENTO NO ROSTO NÃO RESOLVA.

Clarice tem ideias para brincar
com seus brinquedos de todos os dias.
1 vocabulário próprio.
3 bisavós.
E um pediatra antroposófico.

Clarice tem vomitado a valer.
De 4 em 4 horas, a cada tentativa nossa de
fazer a febre baixar.
E de quebra, esta madrugada
antes que eu pudesse dizer "Não, não pode!"
comeu pedaços do que saiu de si.
Clarice não quer perder nada.
Nem deixar nada pra trás.
Tamanha sua ansiedade.

Clarice tem febre.
De viver.

Um dia ainda vou te convencer de que comer é bom. Dormir é necessário.

Que puxar os 40 metros do papel
higiênico é a maior bobagem.
Que desenhar na parede é para
grafiteiros e
que você poderá ser um deles se quiser.

Um dia ainda vou te convencer
de que a gaveta da cozinha,
aquela em que guardamos
as facas mais perigosas,
não é o maior barato.
Que enfiar o dedo no nariz
não é engraçado.
Que suco de laranja é gostoso e faz bem.
Que seu berço não tem espinhos.
Que os lenços umedecidos são para uso
único e exclusivo
de quem estiver limpando
o seu bumbum.
Você não deve comê-los.
Um dia ainda vou te convencer
a não colocar a mão na água da privada.
Nem mexer no lixo do banheiro.
A não enfiar arroz em seus ouvidos.
E beber água do chuveiro.

DORMIU ABRAÇADA
A CINCO
PALAVRAS.

Te convencerei
a ignorar as fraldas descartáveis usadas.
As tesouras de ponta da mamãe.
Que todo banho tem seu fim.
E que cortar as unhas faz parte do processo.
Elas crescem, assim como você!

Ainda quero te convencer
a não sumir com o meu mouse sem fio.
A preferir o seu giz de cera
ao meu nanquim.
A perceber que celular não é brinquedo.
Alfinetes são perigosos.
Que a mamãe precisa trabalhar.
E que o papai, olha só... Ele sai, mas volta.
Não precisa chorar.

Muito em breve, lá por agosto,
hei de te convencer
que ganhar um irmãozinho (a) é
maravilhoso.
Que ser a irmã mais velha é
uma tarefa e tanto.
E que isto não aconteceu por acaso.
Foi tudo de caso pensado.
E amor.

E desse meu amor, nem preciso dizer.
Um dia ainda vou te convencer...

seu mundo nosso de cada dia

Cada olhar.
Os beijos que manda pra nós do nada, no ar.
Corridas seguidas de abraços.
Toda birra.
Meu cansaço.
A disposição infinita por você apresentada.
As noites que não dormimos.
Os jantares que recusa.
E nosso sempre perturbado café da manhã.

Você fazendo tim-tim com o copo.
Brincando só na sala.
Dançando nas pontas dos pés.
Soltando palavras doces e pela primeira vez.
Assistindo TV sem nem piscar os olhos para entender.
Inconformando-se.
Escolhendo a roupa que quer usar.
Os livros que quer ler.
Fazendo "hummm..." ao ver a mamãe aqui cozinhar.

Sua euforia ao andar de elevador
e na escada rolante da galeria.
De encontrar seus amigos Luigi e Salvatore no clube.

A concentração no teatro.
As gracinhas durante o banho.
Quando acorda de bom humor
e nos chama para espreguiçar.
Sua paz no colo da vó.
Tamanha quietude e tranquilidade quando
visita a Nona no sofá.
A alegria de segurar nas mãos do Biso.
E quando te levo para trabalhar.

Isso sem contar os beijos que tem dado em Bento.
A imposição de minha barriga alisar.
Os improvisos na bateria.
As narrativas que tenta desenrolar.
O riso depois de um pum.
O mastigar na gelatina de framboesa.
A hora de escovar os dentes, lavar o rosto e as mãos.
Pra fazer "naninha".
Sua alegria ao ver a mamadeira chegar contagia.
Vamos todos descansar!

São tantos os bons momentos que temos
passado ao seu lado,
que não há vídeo, nem foto ou palavras
que expressem a alegria que sentimos
acompanhando você.

Crescer.
Para sempre.

KAMA SUTRA ♥

· A POSIÇÃO
DO CASAL COM
2 FILHOS DE
ATÉ 2 ANOS.

Quando ganhar é perder

Quero perder meu dia contigo.
Passar as horas olhando você crescer.
Te levar para passear no quintal.
Mostrar a borboleta que vagueia,
meio morta, meio besta.
Mas que ainda é borboleta e voa.

Quero perder-me no seu espaço.
Por entre os legos espalhados
pelo tapete da sala.
Olhar para o céu ao teu lado.
Pensar no futuro nosso, desejado.
Quero poder e te fazer agrados.
Proteger-te até de mau olhado.
Quero perder todo tempo do mundo.
Afinal, amanhã já é sexta outra vez.
Vou deixar as notícias de lado.
Vamos assistir os desenhos mais animados.
E minha mesa de trabalho será sua, por
tempo indeterminado.

Eu ainda quero esquecer dos problemas
que me cercam.
De tudo aquilo que nos rodeia.
Vou desprogramar. A ideia é desacelerar.
Quero conseguir ser sua. Apenas.
Perder para ganhar.
Igual dieta.

Antes que tudo passe e você cresça.
E não tenhamos como voltar.
Porque a vida não é filme, nem novela.
A vida passa, num piscar...
E eu só não quero te perder dos meus olhos,
enquanto é possível ...

*tentei te escrever, mas você se
pendurava no meu braço esquerdo
e colocava as pernas no meu colo
enquanto gritava "mamãe!"...
eu ando tentando te
dar mais atenção.
te fazer mais companhia.*

eu ando tentando me desvencilhar dos problemas
e me concentrar só em você
em algumas horas do dia.
eu ando tentando ser boa mãe.
te educar, divertir, sem perder a doçura e a firmeza.
ando tentando te alimentar da maneira mais
correta possível.
comprando produtos orgânicos e macarrão integral.
evitando frituras.
você desconhece os refrigerantes e doces já não
são do seu feitio.

eu ando tentando te mostrar o lado bom
dos seus dias.
integrar o Bento em horários comuns aos seus.
ando tentando te fazer sonhar e brincar
de coisas impossíveis.
porque tenho a impressão de que a hora é agora.
eu ando tentando trabalhar, me perdoe, mas...
a verdade é que eu amo também meu trabalho.
porém, vocês estão em primeiríssimo lugar.
então eu ando desmarcando reuniões como ninguém.

também ando tentando te fazer
dormir com tranquilidade.
te vestir conforme sua idade.
te orientar.
eu faço planos pra nós.
mas os nossos finais de semana
costumam ser desastrosos...
de fato.
eu ando tentando te levar ao teatro.
te botar pra dançar.
ensinar o alfabeto.
te incentivo a cantar.
te levo pra nadar, exercitar.
você até já sabe mergulhar!!!
às vezes vai trabalhar.
andamos fazendo um tanto de tudo e pouco.

eu ainda ando tentando acertar com seu irmão.
os horários, as visitas, as vitaminas, as consultas.
mas você sabe, mamãe não é boa na arte de organizar.
ando tentando ser a mulher por quem
seu pai se apaixonou.
mas sobra tão pouco tempo pra isso. para ele.

para nós.

ando tentando ainda ser filha, irmã, nora, amiga.
mas eu não consigo.
e daí fica tudo parecendo pela metade.
o que faz partir meu coração.

Você ama tanto seu pai que
não quer dormir
porque precisa desfrutar de toda a
companhia dele.
Isso é tão legal quando é de dia
e não estamos exaustos de nós.

Você ama tanto seu irmãozinho,
tanto, mas tanto, que quer apertá-lo.
Se possível, esmagá-lo e puxar seus
cabelos até que saiam todos
em seus dedos. Você quer comê-lo
para assim proteger o SEU bebê.
Dentro de você e longe de mim.

Seu pai, seu irmão, você e eu

Você me ama tanto, mas tanto, que
belisca meu rosto e me arranha.
Como quem quer arrancar meu
excesso e guardar contigo.
Acho lindo e me dói.
É assim que você vai à escola
na próxima semana.
Estamos também tentando tirar
sua fralda. E dividir a atenção.
Mas não é fácil. Crescer.
E dizem, vocês crianças
crescem tão rápido.
Não temem o tempo.
A gente te embala.
E eu ainda canto pra te confortar.

tão perto e
tão longe.

Sobre nossos monstros

Só ontem me dei conta de que você tem medo.
E tem medo de monstro.
Monstro não, bicho – você mesma me corrigiu.
Então, deixa eu te contar um segredo.
Eu também tenho medo de um montão de coisas.
A começar pelo medo de adoecer e não ter mais
como cuidar de vocês.
Esse medo deve ser o mais comum entre as mães.
Então, não vamos nos prender a ele.
Tenho medo do escuro. Um clássico!
Você tem?
Sabe quando de madrugada a casa está toda apagada?
Me dá frio na barriga descer a escada pra buscar
meu copo d'água.
Não conte isso pra ninguém.
Morreria de vergonha!

Tenho medo da combinação chuva + avião.
Mas nunca deixei transparecer. Você por acaso já percebeu?
Meu medo de altura. Eu diria pavor.

Tenho ainda um tipo de medo da violência
que não me imobiliza.
Então é medinho.
Medo de não haver amor.
E de que a nossa amizade enfraqueça com o passar do tempo.

Tenho medo das cirurgias de seu irmão.
Não é que eu não confie no médico ou não acredite no
avanço da medicina.
Mas eu tenho medo.

Também de grandes mudanças.
Medo do outono, porque vocês vivem melhor no verão.
De envelhecer. Este é meu medo mais recente.
Acho triste em demasia.

E por falar em tristeza...
Tenho medo das tristezas dos mais jovens.
Elas têm tanta força que engolem a gente.
Tenho medo de não conseguir te fazer grande, segura, feliz.

De não te fazer rir.
Da gente não ir.
E de ficar só.
Esse medo me acompanha há anos.
E se resolve nele mesmo. Tá vendo?!

Sabe, filha, o bom de ter medo é que a vida nos ensina
a ter coragem e enfrentá-los.
Cedo ou tarde.
Temos que aprender a conviver com nossos monstros.
Ou melhor, bichos.
Faz parte.
Certas dos perigos que corremos.
Um choro, um xixi, um susto,
um passo adiante bem pra perto da janela...
É assim que nos tornamos capazes.

Clarice quer *fazer balé*

Quando você tiver filhos, vai perceber como a gente passa a ser uma coisa só.
Eu nem me lembro de como
era eu sem você.
Já faz quase 3 anos.
Parece loucura, mas eu passei
a viver a sua vida.
Me deixei de lado. Fiquei só com
o essencial pra viver.

3 pares de sapatos. Algumas
roupas e 1 mochila.
O descongestionante nasal, 1 protetor
solar e a bicicleta.

Quando dá, escapo com seu
pai pra tomar um ar.
Não que eu me sinta sufocada
nem nada.
Nós somos livres até demais.

Mas a gente se amarra em vocês.
Fazemos tipo um nó.
Que aos poucos vai se afrouxando.
Se soltando.

Porque vocês estão crescendo.
Nós, envelhecendo.
E você já quer sair pra dançar...

O seu Tempo

Você tem 3. Seu irmão fará 2 anos no mês que vem.
Vocês são muito amigos. Muito parceiros.
Desses que fazem companhia um ao outro quando vão ao banheiro.
Mas como em todo relacionamento, às vezes vocês se desentendem e brigam.
Ele te empurra. Você tira o que ele tem nas mãos.
Arranca mesmo.
E então, Bento te bate.

E você?
Você chora.
Abre uma boca quadrada tão grande,
no mais alto volume
e faz as lágrimas rolarem em abundância.
Enquanto ele sorri, cheio de um certo ciúmes
porque de fato, ele pouco chora.

Faz já algumas semanas que ando ensaiando
em como explicar que você, filha, precisa reagir.
Não apenas chorar. E vir me contar.
Mostrando o rosto arranhado, um braço beliscado.
Você precisa reagir!

E reagir
nada tem a ver com revidar.
Que fique claro que não estou te dizendo para dar
de volta um soco em seu irmão, nem que deva puxar
os fios de cabelo dele como ele faz com os seus.
Mas você precisa reagir.
Talvez, reposicionar. Se colocar em outro lugar.
Na outra ponta do sofá. Aprender a argumentar.
Conversar. E você é boa nisso!
Treine falar das coisas que você não gosta.

Reagir é algo que vida vai cobrar de você.
E a gente cobra também dela. Em raros momentos
de autopiedade:
"Oh vida, oh céus?! Por que comigo?"
Mas não se engane. A vida não faz nada com a gente.
A gente é que faz com ela.
Normalmente a vida exige da gente – verdade.
E a verdade? Está aí, dentro de você.
E te fará reagir e buscar aquilo que acredita.

Reagindo a gente cresce.
E faz com que os outros à nossa volta
também amadureçam.
Se não, ao menos percebam sua atenção. Seus sentidos.
Enquanto te escrevo, filha, estou aqui buscando
forças para reagir.
Coisa de gente grande que já perdeu um pouco do
reflexo e por isso não reage imediatamente. Pensa
demais. Em todas as possibilidades. Cheios de receios,
os adultos tendem a deixar a poeira baixar.
O coração esfriar...
Lá de longe, eu fico vendo seus avós (re)agindo
com tanta cautela nessa vida.
Acho que com a idade a gente sabiamente endurece.
E os problemas também.

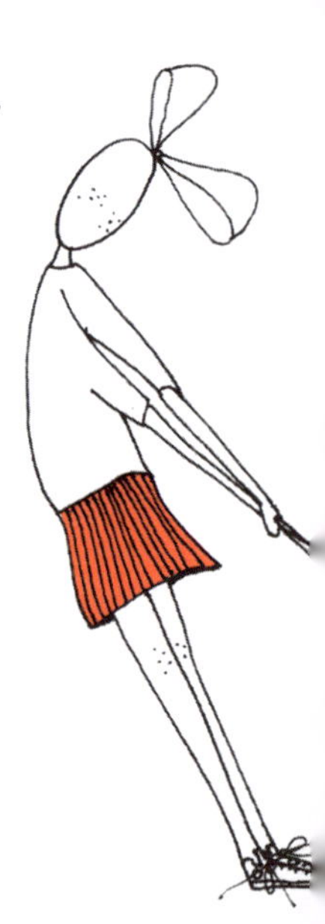

Reaja, filha, enquanto é tempo!

Clarice, engole o choro!

Te disse essa frase diversas vezes outro dia.
E, ao fim, chorei no chuveiro.
Escondida.
Porque fiquei imaginando todo aquele
choro preso dentro de você.
Tão pequena.
Minha menina.
Cheia de gotas na barriga.
Que eu mesma mandei engolir.
E tristeza não se engole.
Não na sua idade.

Pensei que pudesse estourar por tantas
lágrimas consumidas.
Mas você já dormia enquanto eu
morria de remorso.

Chora, minha filha.
Chora alto.
Grita pra todo mundo ver.

Sinto muito.
Mas te esforço.
Pra ser fortaleza.

Talvez quando eu falo
"Clarice, engole o choro"
é porque preciso ouvir.
Que somos capazes.

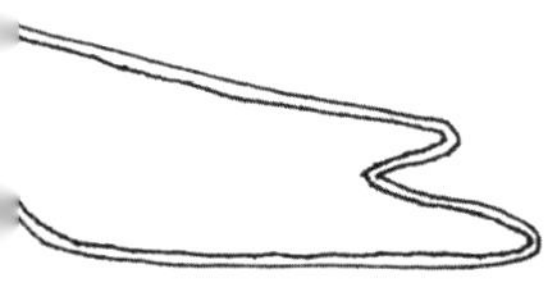

Clarice *faz 4 anos*

E se tornou um exemplo de menina.
Olha, Bento, como a Clarice come bem.
Olha, Bento, Clarice está escovando os dentes.
Olha a sua irmã, como ela calça os sapatos.
Eu faço, né, mamãe?!
Estou comendo direitinho, né, mamãe?!
Olha, Bento, agora eu não posso, estou obedecendo o papai.
Bento, olha a sua irmã como ela penteia os cabelos.
Ela está chorando? Não tem por que chorar.
Sua irmã não está fazendo escândalo. Pode parar!
É Bento, pode parar! ela repete.
Clarice é o exemplo.
Come alface e beterraba.
De garfo e faca.
Faz desenhos com concentração enquanto seu irmão tenta em vão fazê-la errar.
Clarice não erra. Tão pouco arrisca.
Cuidadosa que só.

SERVICE TEMPORARILY UNAVAILABLE
PLEASE TRY AGAIN LATER...

Mantém a ordem enquanto eu deixo o caos
invadir nossa vida.
Organiza os frascos de xampu
e condicionador no banheiro.
Os brinquedos na beirada da cama.
Os livros por ordem de tamanho.
Clarice lê antes de dormir, mas ainda
não sabe escrever.
Apresenta peças de teatro inventadas em cima de um
banquinho laranja no meio da sala.
Compõe música e conta piadas.
Como foi que você cresceu desse jeito?
Eu perguntei esta manhã enquanto te cobria de beijos.
Foi você que me fez ser grande assim.
Porque bebê é o Bento.
Sorrimos.
Assenti.
Depois que seu irmão nasceu você teve mesmo
que crescer na velocidade do vento.

E passou a fazer um montão de coisas sozinha.
Foi aí então que nenhum de seus machucados
ganharam de novo qualquer visibilidade.
Todo mal-estar foi questionado e em sua
maior parte esquecidos.
Isso não é nada!
Te tirei do colo tão cedo.
Porque o menino, marrento que só,
desde os seis meses passou a te empurrar com
os pés dizendo que esse espaço já não era seu.
E você, filha, não perdeu nada.
Concedeu.
Com a maturidade que vejo faltar em um montão de
gente grande.
Você cedeu seu espaço para ele.
Como quem entende que ele precisava demais.
E agora, aos 4 anos, te vejo linda.
Generosa e confiante.
Reconquistando tudo à sua volta.

Inclusive a atenção de todos nós.
Pais e avós. Muitos amigos.
Todos mais tranquilos, você percebe.
Tomou a cena.
Entramos numa fase nova.
Na sua fase.
E você, como não espera nada de ninguém,
logo se apresenta.
Puxa o banquinho laranja para o meio da sala,
pede atenção e silêncio:
— Com vocês… Ela, Clarice!
Nosso exemplo. Nosso primeiro amor.
Que sua generosidade
só aumente com a idade…

Feliz 4 anos.
Sua mãe.

Precisa

De alguma forma você
compreendeu o tempo.
E se aproveita dele de todo jeito.
Sem competir.
E sem querer.
O tempo todo só pra ti.
Você aprendeu a ceder meu tempo teu.
Se distraindo com os lápis de cor.
Sem me culpar.
Sem pesar, nem sentir-se
menos querida.
Pelo contrário, você entende deste
nosso tempo.
E se ajeita a essa rotina.

Uma noite, te vi na minha cama
sentada com Bento.
Ensinando ele a falar bobagens,
coisas de meninas.
Bem devagar, como tem
nos visto, ensaiar.
As sílabas. Precisa em seu tempo.
E eu – segura de mim, pela primeira vez.

Curativo

Você me ensina que não precisamos
fazer doer mais do que o necessário.
Que machucado está.
Coberto ficará, até cicatrizar.
Propõe que tire meus
dedos das feridas.
Não ouse arrancar a casquinha.
Deixe o band-aid ali onde está.
Se arde, grita. Chora. Limpa.
Não remova mais nada daqui de
dentro de nós.
Contudo, deve passar.
Basta tempo e silêncio.
Seja lá qual for o machucado, um
dedo cortado,
um coração arrasado,
a saudade que fica.
Perdas enormes diárias para
alguém tão pequeno.
Agarrada as pernas, sentada no chão
da cozinha, você fala como sente.
Clara e pura é a tua dor.
Que carrego colada
ao meu peito.
Num balanço meio incapaz
que traz conforto pra nós.
Mas é tua filha.
Esta dor, o vazio.
Que há de ser preenchido
na medida.
É ferida, logo cicatriz.
Num coração hoje diminuído.
Vejo com alegria discreta,
como cresceu!
Ainda que para sempre
caiba no meu colo com
todas estas lágrimas.
Eu – capaz de engolir,
lamber, soprar, abafar por
você cada gota de tristeza...
Mas Clarice já sabe fazer
curativos e não permite que
ninguém toque em sua dor.

Clarice fez 5

De pura independência.
Levanta sozinha no meio da noite pra matar
sua sede na cozinha.
De manhã, prepara seu leite e prefere tapioca.
Diz: pão branco, não!
Onde foi que você aprendeu isso? Toma banho,
coloca calcinha.
Penteia o cabelo – se ainda dentro do chuveiro,
sem reclamar.
Liga a TV decidida. Não quer dormir.
Fica com os olhos no relógio para eu não atrasar a escola.
Me avisa, hoje é dia de natação. É horário de verão!
Fala sobre saudades. Pensa em voltar para o Rio.
Finge que lê um livro enquanto de verdade
me observa a trabalhar.
Escreve cartas. Questiona-me "e se?".
Me deixa sem resposta.
Demonstra disposição para a cozinha.
Já sabe fazer bolo, quebrar ovos, botar sal.
Dança e teatro – gosta e exerce.
Alegre, canta músicas no trânsito da grande capital
que se eu pudesse escolheria para sempre nos acolher. Diz
que tem razão.
Gosta de suas amigas.
Ama seus avós incondicionalmente.
E demonstrou um carinho especial pela
tia-avó ao oferecer o primeiro pedaço do
bolo do seu aniversário para ela.
Prefere conviver em harmonia.

SEJA FLEXÍVEL.

CONSTRUA UMA PONTE
AO INVÉS DO MURO.

Tímida.
Respeitosa.
Cuidadosa.
Com o teu irmão.
Mas não por todo tempo, o que fez
com que ele aprendesse a se defender.
E te bater. E você não revidar. Sempre.
Pede para o pai voltar mais cedo.
Faz promessa. Pede para te acordar com um beijo.
Aprendeu a se desculpar.
Por vezes, pensei neste último ano, enquanto me via em
você – se eu não estaria te sobrecarregando. Talvez por
me sentir assim.
Ou exigindo de você mais do que deveria.
Com a certeza de que não ando cumprindo
minhas metas pessoais.
Mas, chegamos aos cinco.
Sãos e salvos.
Você, se maquiando pelos cantos.
Um hábito que pretendo aprender contigo,
esta coisa da vaidade.
Borrando a boca com as sombras e pintando
os olhos com batom.
Batendo a cabeça na parede porque ainda corre
pela casa de olhos fechados. Se oferecendo ao risco.
Enfiando a faca do bolo nos olhos por pura falta de
habilidade. Numa inexperiência que te faz feliz aos cinco.
E me deixa cega de tanto amor.
Feliz aniversário.
Viva você, criança!

Perdemos a bebê.
Agora tu és minha bela menina.
Um encanto por onde passa.
Arranca elogios sem fazer graça.
Envergonhada, ainda tenta esconder-se atrás de mim.
Logo, estarás do tamanho meu.
Eu te aguardo maior.
Para tanto, tento te mostrar detalhes cotidianos.
Porque não quero que passes
por minhas inexperiências.
É por isso que tão logo te escrevo.
Para que me leia o quanto antes
e compreenda nossa desvantagem.
E o mais importante, não a aceite.
Mas é meu dever te alertar.
Não poderei te proteger por toda vida.
E você, filha, precisa aprender tantas coisas...

Coragem

Eu que tanto te quis mulher, o tempo
inteiro aqui dentro do ventre.
E você veio, necessariamente bela, forte
e cheia de teimosia.
Pra lutar contra a nossa desvantagem de ser feminina.
Nascemos mulher.
E como todas as mulheres de todo o mundo,
somos diariamente violentadas por isso.
Tanto que nos acostumamos.
Mas há pouco tomei consciência de que aquele
ginecologista que me examinou aos 15 não deveria
ter feito tais comentários elogiosos a minha vagina.
Eu era uma menina.

E que aquele namorado que tive muitos anos depois
não deveria ter me empurrado, nem chacoalhado.
Nem nada daquilo foi culpa minha. Não tem perdão.
E aquele, aquele e mais aquele guri que faltou com
o respeito. Não me venha com ameaças. Te fiz
um café, esfria a cabeça. Não importa. Se te fere
simplesmente não pode. Nem com palavras.
Independente das circunstâncias, do momento, do
mau tempo. Eu me lembro que chovia e eu precisei
ficar um tempo só. O que é maravilhoso
e eu espero que aceite.
A solidão.
Porque de nada vale um encontro senão configurar
um desejo mútuo e verdadeiro.
De se estar completamente presente.
E principalmente, estar seguro.
Ainda me lembro quando encontrei
teu pai pela primeira vez.

Foi íntegro. Diferente de tudo o que já havia vivido.
E ainda me recordo que numa de nossas primeiras
discussões ele me percebeu encolhendo.
Encolhendo, encolhendo… No canto da cama,
quase desaparecendo.
Me abraçou assustado. Perguntou se
eu estava com medo.

Filha, eu não quero que você encolha.
Jamais.

Ser grande

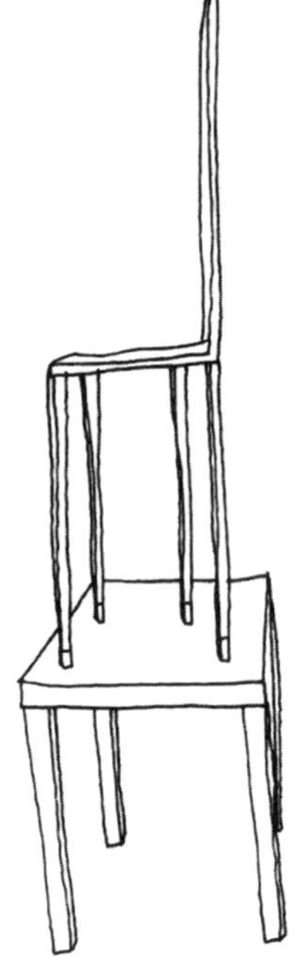

Que vocês dois entendam
que quase nada sabemos.
Que estamos aprendendo todos juntos
a conviver e respeitar.
Que vocês nos desculpem.
E que percebam que fazemos o que de fato,
no instante exato, aparenta ser o melhor.
Caminho.
Desde o que vai estar no seu prato para o
almoço ou em qual escola vai estudar.
Nossas decisões são tomadas pensando
em vocês em primeiro lugar.
Também tenham a certeza de que
não temos certeza de nada.
Que por hora nos amamos.
E que é este amor que se espalha por esta casa.
Contaminando vocês.
Tomem o amor como exemplo.
Ele farta. E à vocês, assim,
não deve nunca faltar.

Mas lembrem-se sempre que
nós somos também
filhos mimados de pais de primeira viagem.
Pouco mudou em nossa estrutura familiar.
É por isso que lhes escrevo.
Para que aprendam a perdoar desde cedo.
E as mágoas despejar no mar.
Somos adultos tardios de 35 anos
tentando acertar.
O passo. Dentro e fora desta casa.
Com vocês e com todo o mundo.
Sim, existe mundo além de vocês dois.
Por isso, nem todos os desejos
teus são atendidos.
Alguns por inexperiência, outros
por falta de paciência.
Tantos por falta de tempo.
Mas nunca por falta de amor.
Sua mãe.

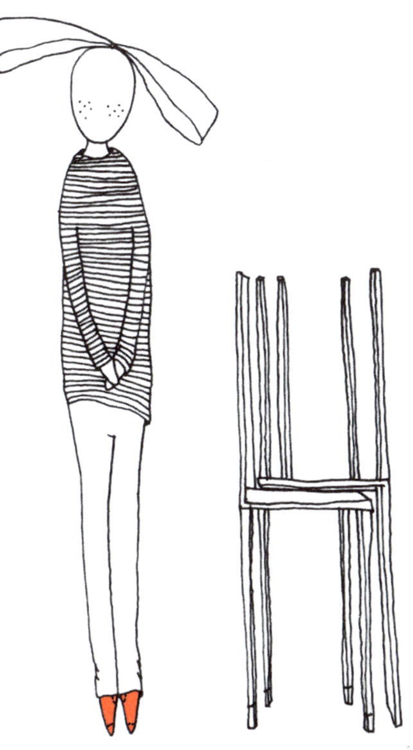

Seguimos!

Para frente.
Mas confesso, sempre, diariamente olhar pra trás.
E perceber nos mínimos detalhes o desenvolvimento
de cada um de nós.
Indivíduos.
Deve ser porque é dezembro.
É precioso nosso rever.
E eu percebo que seguimos.
Em frente, na mais alta velocidade.
Respeitando os limites.
Partimos.
E deixamos saudades.
Vocês seguiram correndo.
De nós.
Rindo.
Se escondendo dentro dos armários.
Tirando tudo do lugar.
Cantando,
tocando instrumentos.
Mais vale um barulho,
uma colher tintilando no prato,
a batida na lata de leite condensado.
Seguimos sem silêncio entre nós.
Discutimos, falamos, reavaliamos, ponderamos.
Crescemos.
Trabalhando.
Reinventando.
Entre o Rio e São Paulo.
Seguimos em meio às tintas, tesouras, pincéis e linhas.
Vocês seguiram sumindo com tudo o que um
dia foi só meu.

O nanquim, a cola e os tecidos mudam sempre de lugar.
Vão para esconderijos.
Lá onde devem estar também os lápis de cor.
Nunca encontro-os quando preciso.
Já vocês, estão sempre por aqui, por todos os lados
e ao mesmo tempo grudados em mim.
Feito a areia da praia que se espalha por toda a casa.
Feito vômito ou xixi se esparramando.
Nós secamos,
limpamos,
esticamos,
varremos,
recolhemos vocês.
E explicamos da importância que
é estarmos para sempre juntos.
Quando pergunto, quem foi
que pegou a agulha da mamãe?
Um aponta para o outro, simultaneamente.
E nós seguimos.
Sorrindo.
Num "tudo bem" do tamanho do mar.
Seguimos por todos os médicos.
Mas deixamos de frequentar o homeopata.
Com fé e coragem.

MANDEI AMPLIAR NOSSO HORIZONTE.

Realidade.
Que ainda esses dias me fez chorar no chuveiro.
E seguir.
Eu vi as mágoas escorrerem pelo ralo.
Ao voltar para sala encontro vocês.
Seu pai coloca uma música daquele tempo
em que a gente saía para dançar.
E conforme ela toca, posso perceber a gente.
Evoluindo.
Balançando.
Freneticamente.
Praticamente somos uma família que hoje
poderia ter apresentado um musical.
Numa alegria sem fim no final de só mais um dia.
É noite de terça.
É preciso seguir...
Seguimos!

MAS AGORA ELE NÃO CABE NA PAREDE DA NOSSA SALA. .

emoções

LUTANDO CONTRA O QUE
SE SENTE.

luiza pannunzio

Quando me percebi pessoa, disse: quero ser desenhadora. Mas pra quem nasceu entre linhas e agulhas, com o barulho da máquina de costura da mãe ritmando o coração, foi impossível ignorar o feitio das roupas que ela fazia. Tenho uma loja, faço figurino para teatro e TV. Ilustro para diversos veículos além de desenvolver projetos pessoais. Tenho uma REDE de apoio para famílias que, como a minha, tiveram filhos com fissuras e outros defeitos na face. Estudei artes na FAAP e por um bom tempo me distraí com a fotografia. Cresci, namorei, chorei, sofri, separei, me diverti pacas, casei outra vez e o desenho foi para sempre meu companheiro. Como quem conta uma história em folhas avulsas – tantas, que perco parte delas pela casa. Por uma vida menos ordinária, criei personagens que escapavam a realidade dos dias mais difíceis. Foram alívio. Quando os filhos vieram, fruto de um enorme amor, o desenho se manteve ali. Firme e forte a me salvar. Fazendo o diálogo que me faltava com o mundo que separava as mulheres mães de todo o resto. Então, a solidão ficou para trás. Mas foi o desenho que me resgatou por toda a vida e até agora. Me dando este olhar pra fora. Quando Clarice nasceu, eu, que já gostava de escrever, resolvi começar a fazer um diário para ela, como minha mãe fez para cada um de seus filhos. Quando Bento nasceu, não foi diferente. E o resultado desses primeiros 5 anos de nossa convivência você lê neste livro aqui. Despretensioso que só. Como diria a minha avó: "serve para não esquecer." Precisava falar sobre nós. A gente, você, ela, eles todos. O amor. Mas eu ando mesmo a escrever para que possam vocês – ler, quando crescidos. E, principalmente, para que possam me perdoar.

carolina padilha graziella mattar

CAROLINA PADILHA Nasci no interior de São Paulo e mudei-me para a capital no final da adolescência, para cursar História na USP. Também tenho formação na área da educação, tendo atuado como professora no início da minha vida profissional. Nasci mãe da Ana, hoje com 19 anos, ainda cursando a graduação, e me formei com um bebê no colo e projetos redesenhados para a vida que agora precisava comportar duas pessoas. Desde 2001 atuo na área de defesa dos diretos humanos de crianças e adolescentes no Brasil. No meio desse caminho vieram mais duas filhas, Alice, 11 anos, e Helena, 8 anos. A casa ficou mais cheia de pequenas surpresas, novos aprendizados e muitas risadas. E também foi ficando mais difícil passar tanto tempo viajando e longe da bagunça das meninas. Hoje, como consultora independente de direitos humanos, em meio à rotina das filhas, trabalho como voluntária em projetos no Brasil e no exterior.

GRAZIELLA MATTAR Quando comecei a ler os textos da Carol, muitas lembranças da minha infância me vieram à memória, principalmente os dias em que podia desfrutar da companhia de minha mãe. Juntas, desenhávamos mapas, recortávamos imagens de revistas, íamos à casa de minha avó, onde descobri a mágica das coisas simples da vida. Nasci em 1974 em São Paulo. Trabalhei por dez anos com educação, e a convivência diária com as crianças fez com que eu me apaixonasse pelo universo fantástico da infância. O que é impossível, improvável, e tudo o que aparece nas brincadeiras das crianças são a minha maior fonte de inspiração. Em 2010 nasceu meu filho Raul, e assim experimentei a sensação mais mágica de todas. Através de suas brincadeiras enxergo o mundo de outra maneira e experimento a simplicidade do dia a dia. Com ele nasceram meus primeiros livros.

claudia pucci abrahão cibele lucena

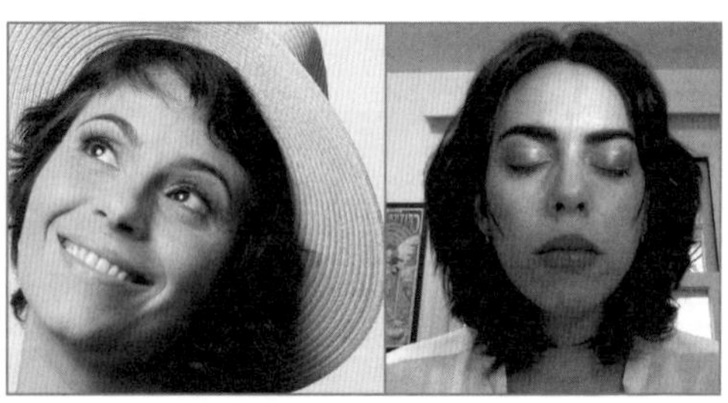

CLAUDIA PUCCI ABRAHÃO Sou uma inquieta transeunte nascida mineira e expandida pro mundo. Me formei em cinema pela ECA-USP, dirigi documentários e curtas-metragens e fiz da escrita e do teatro minha morada. Já fui professora de audiovisual na ESPM e hoje dou cursos de escrita criativa. Fui residente do Royal Court Theatre, onde pesquisei a força poética da palavra em movimento. A partir do nascimento do meu primeiro filho, Pedro, em 2007, começou minha jornada pro centro do mundo – lá comecei a ouvir novas histórias para contar. Em 2015, lancei o *Canto da Terra*, relato poético de minhas quatro gestações, três partos e outras travessias. Atualmente, colaboro com o site Ninhada, ministro cursos na Casa das Rosas e escrevo no meu blog www.giradodelirio.com. Depois que me tornei mãe de três meninos, com eles estou redescobrindo o encantamento – e mergulhando cada vez mais no universo profundo da maternidade.

CIBELE LUCENA A geografia me ensinou a percorrer paisagens. Os coletivos artísticos e as intervenções na cidade, a percorrer o que sinto, perceber meu corpo, como vivo e como me relaciono. Em quase 20 anos de trabalho, aprendi que podemos nos habitar, cada vez mais e com mais potência, e assim habitar o mundo. E também que podemos inventar mundos, quando este não faz sentido. Minha mãe dizia que eu podia ser qualquer coisa, menos professora. Desobedeci (tenho gosto por desobediências). Quando o Gil nasceu, virei também mãe. Tudo isso hoje é inseparável e fala de estar presente, dar nome pro que se sente, escutar, aprender e ensinar, amar e fazer proliferar a vida. Participo do grupo de arte Contrafilé e dou aula em espaços como MAM-SP e Instituto Tomie Ohtake. Fiz os desenhos do livro com tinta guache, cola e tesoura, e a ajuda de Marcos Vilas Boas e Gil Fuser na reprodução e tratamento das imagens. E, filho, elas são pra você!

paula autran valentina fraiz

PAULA AUTRAN Aos 9 anos, decidi que seria escritora e escrevi desde então. Tornei-me jornalista e escrevi centenas de matérias; dramaturga, escrevi dezenas de peças; acadêmica, escrevi um mestrado (e ando no meio do doutorado). Escrevi sete livros também. Mas foi só quando tornei-me mãe, com a chegada do Arthur, que passei a escrever poesia. E decidi que sempre que tivesse aquele espacinho escrito "profissão" em qualquer formulário, eu escreveria: escritora. É que ser mãe me tornou escritora, mesmo que antes já tivesse passado a vida a escrever. É que Arthur, ao nascer, trouxe com ele a coisa mais preciosa que poderia ganhar: eu mesma. Esta coleção, que idealizei e compartilho com essas mulheres incríveis que tanto admiro, é a prova cabal de que filho nos torna mais fortes, mais unidas e muito mais corajosas.

VALENTINA FRAIZ Sou venezuelana, mas moro no Brasil há anos. Aliás, cheguei por causa da maternidade, formei minha família em São Paulo. Cresci em Caracas, no ateliê da minha mãe, que era arquiteta, desenhista e aquarelista. Minha mãe fazia cartas desenhadas – os tais dos *emoticons* de hoje – e nós nos divertíamos decifrando o texto-imagem. Quando enveredei pela ilustração, percebi na hora que aquilo era quase a mesma coisa que as cartas desenhadas que minha mãe fazia para nós (e que faço para minhas filhas agora). Soledad, minha filha mais nova fala que meu trabalho parece só diversão. Laura, minha filha mais velha, estuda artes e também usa o desenho para falar dela e do mundo. Soledad e eu moramos numa cidade pequenina, na beira de um rio. Em nosso quintal tem pássaros, cotias, macaquinhos e um tatu arisco que só vem de noite. Deve ser por isso que Soledad desenha tantos bichos.

PARA CLARICE LER QUANDO CR
SONO TEU.
CLARICE FEZ 1 ANO.
CLARICE FOI VER O MAR PELA VEZ.
CONSELHO DE MÃE. CLARICE TE
UM DIA AINDA VOU TE CONVENCER DE TO
QUE SINTO PO
TENTEI TE ESCREVER, MAS VOCÊ SE PENDUR
BRAÇO ESQUERDO E COLOCAVA AS PERNAS NO
QUANTO GRITAVA MAMÃE. SOBRE NOSSO
SEU PAI, SEU IRMÃO, VOCÊ E EU. CLARICE Q
A MELHOR RESPOSTA DE TODAS.
SEU TEMPO. CLARICE, ENGOLE O CHORO.
CLARICE FEZ 4 ANOS. SER GRANDE.
CLARICE FEZ 5.
CORAGEM.

Tipografia
Klinic Slab
Papel
offset 90g [miolo]
duo design 250g [capa]
Gráfica
Bartira
Impresso
na primavera
de 2016